Gütersloher Taschenbücher/Siebenstern 242

Johannes Kuhn

Wohin sollen wir gehen?

Ein Buch für Konfirmanden

Gütersloher Verlagshaus
Gerd Mohn

Für Beate
Esther
Daniela
Hans-Joachim
Anne-Ruth
Michael
Frauke
Christian
Silvia
Simon
Sabine
Tobias
Martina
Peter
Markus
Kathrin
Matthias
Susanne
Christoph
Thomas
Andrea
Ulrich
Sebastian
Ines
...

CIP-Kurztitelaufnahme der Deutschen Bibliothek

Wohin sollen wir gehen?
Ein Buch für Konfirmanden / Johannes Kuhn. –
Orig.-Ausg., 2. Aufl. – Gütersloh: Gütersloher Verlagshaus Mohn, 1978.

(Gütersloher Taschenbücher Siebenstern; 242)
ISBN 3-579-03642-4

NE: Kuhn, Johannes [Hrsg.]

ISBN 3-579-03642-4
2. Auflage (21.–40. Tsd.), 1978

Umschlagentwurf: Dieter Rehder, Aachen
unter Verwendung eines Fotos der EBA-Kunitsch, Stuttgart
Gesamtherstellung: Clausen & Bosse, Leck
Printed in Germany

Inhalt

Wohin sollen wir gehen?

Es sind viele, vor allem junge Menschen, die heute so fragen. Wer zeigt uns eine Richtung, in die zu gehen sich lohnt? Einen Weg, auf dem man durchkommt? Ein Ziel, das wirklich erreichbar ist? Mit den Ideen, Werten und Ordnungen, die für frühere Generationen verbindlich waren, ist die Antwort nicht zu geben. Traditionen haben keine verbindliche Kraft mehr. Und der Himmel scheint für viele zusammengebrochen zu sein.
Darum suchen sie Orientierung in der Wirklichkeit, die erlebbar ist. Junge Menschen sind dabei, die Welt auf ihre eigene Weise zu gestalten. Viele leben nach dem Grundsatz: »Ich bin meine Freiheit«, ohne dabei neue und verbindliche Lebensgrundlagen zu finden. Was ist das Ziel? Geld? Macht? Berühmtheit? Glück? Leichtes Leben? Erfüllung vieler Wünsche?

Wohin sollen wir gehen?

Diese Frage ist uns von dem Evangelisten Johannes aus einem Gespräch überliefert, das Christus mit seinen Jüngern führte. Jesus fragte sie, nachdem viele seiner bisherigen Begleiter sich abgewandt hatten: Wollt ihr mich auch verlassen? Simon Petrus antwortete: Herr, wohin sollen wir gehen? Du hast Worte

HEMEL
LOVE

des ewigen Lebens. Wir haben Vertrauen gefaßt und sind überzeugt, daß du Christus bist, der Sohn des lebendigen Gottes.

Hier waren Menschen vor eine Entscheidung gestellt. Für sie lag die Antwort auf die Frage nach Weg und Ziel in dem Mann, in dem Gott und Mensch zusammentreffen: Jesus Christus. Er hat ihnen die Richtung gewiesen, das Ziel gesetzt, Orientierung gegeben. In Reden, Gleichnissen und Geschichten wird von ihm gesagt:

Er ist der Weg über den Haß hinaus,
Matthäus 5,21–26

der Weg über die Vergeltung hinaus,
Matthäus 5,33–37

der Weg über das Freund-Feind-Denken hinaus,
Matthäus 5,38–42

der Weg in die Freiheit.
Matthäus 5,43–48

Er hat von sich gesagt:
Ich bin die Tür –
Ich bin das Brot –
Ich bin das Leben –
Ich bin die Wahrheit –

Das Leben leben

Dieser Mann mit seinem Boot machte Schlagzeilen in der Weltpresse. In 225 Tagen umrundete er die Welt und segelte dabei 48000 km ab. Er ist aus einer Gesellschaft ausgestiegen, die von jedem erwartet, daß er auf seinem Platz bleibt, damit das Zusammenspiel funktioniert. Jahrzehntelang war er eines ihrer unscheinbaren Glieder, dann hat er sich den Raum gesucht und gefunden, den er brauchte, um irgendwo er selbst zu sein. Daß es einer geschafft hat, einzelner zu sein, herauszutreten aus dem genormten Alltag, das hat ihm ein weltweites Echo eingetragen. Nun hat nicht jeder ein Schiff zur Verfügung, auch ist nicht jeder seemännisch so auf der Höhe. Aber viele beklagen den engen Spielraum, den die Leistungsgesellschaft ihnen läßt. Und sie brechen aus, um die Weite des Lebens zu erfahren.
Ein junger Mensch hat auf die Frage, was er mache, einfach geantwortet: Ich lebe. Manchem mag diese Antwort nicht ernst genug sein, nicht grundsätzlich, nicht vernünftig genug. Dabei hat der junge Mann deutlich gemacht, daß Leben für ihn mehr ist als alle anderen Mittel, an die sich viele verlieren. Es hat seinen Sinn in sich.
In der Bibel wird es einmal so beschrieben: Alles hat seine Zeit: Geborenwerden und Sterben, Pflanzen und Ausreißen, Abbrechen und Bauen, Weinen und

Lachen, Klagen und Tanzen, Schweigen und Reden, Suchen und Verlieren – alles hat seine Zeit.
Da ist nicht die Rede von der Temperierung der Leidenschaften, und es wird kein kleinlicher Lebensstil vorgeschrieben. Es werden die Aufgaben, Erfolge und Mißerfolge, Schönheiten und Häßlichkeiten des diesseitigen irdischen Lebens entfaltet. Wie diese Vielseitigkeit aufeinander bezogen bleibt, darüber schreibt Dietrich Bonhoeffer:
»Gott und seine Ewigkeit will von ganzem Herzen geliebt sein, nicht so, daß darunter irdische Liebe beeinträchtigt oder geschwächt würde. Aber gewissermaßen als cantus firmus, als der Grundton, als die tragende Stimme, zu der die anderen Stimmen des Lebens als Kontrapunkte erklingen ... Wo der cantus firmus klar und deutlich ist, kann sich der Kontrapunkt so gewaltig entfalten wie nur möglich ... Wenn man in dieser Vielstimmigkeit steht, dann wird das Leben erst ganz, und zugleich weiß man, daß nichts Unheilvolles geschehen kann, solange dieser Grundton durchgehalten wird.«
Cantus firmus und Kontrapunkt – also so etwas wie Abbild des Lebens. Das verhält sich wie Mitte und Umkreis, Zucht und Weite, Gebet und Weltoffenheit und ist die Antwort auf die Frage: Wie ist es möglich, zugleich ganz weltbezogen und ganz Gott gehörend zu leben?

Herr, hilf mir,
der Wahrheit ins Gesicht zu sehen.
Sich den Tatsachen verschließen,
ist keine Antwort,
sich abwenden, kein Ausweg.

Ich will auf das Leben zugehen und
keine Bogen darum schlagen.
Gelingt es mir nicht auf einmal,
dann laß es mich stückweise vollbringen.
Gib mir den Mut, daß ich jemanden bitte,
mir tragen zu helfen,
weil ich die Last allein nicht tragen kann.
Laß mich nicht zaudern,
wenn eine Aufgabe vor mir liegt.
Gib mir die Kraft,
sie zu lösen.

Herbert F. Brokering

Muß man sich anpassen?

Die Skepsis, mit der der junge Mann uns anblickt, ist nicht unberechtigt. In der Welt, in der wir leben, will jeder etwas anderes von ihm. Die Mode möchte ihn herausholen aus seinem konservativen Einerlei. Jung soll er aussehen, verspielt, mit bunter Krawatte und kühn gewählten Anzugfarben. Aber wenn er sich nach denen umschaut, die Karriere gemacht haben, so sind das doch immer die in den dezenten Anzügen in der Farbklasse grau und den unauffälligen Krawatten. Die Freundinnen mögen ihn am liebsten in einer Mischung von Liebhaber, Held, Sportsmann und Philosoph. Die Reklame sieht ihn als ein Wesen, das viel zu wenig für sich ausgibt. Entsprechend versucht sie, seine geheimen Träume aufzudecken, um Bedürfnisse zu wecken, die ihn zu einem sicheren Verbraucher machen.
Der Betrieb hätte gern, daß er etwas zur Erhaltung seiner Arbeitskraft tut und sich im übrigen firmenkonform verhält. Die Freunde suchen in ihm einen Partner, der ab und zu einmal mit auf den Putz haut, und die Kollegen hätten ihn gern umgänglich, witzig, ohne Strebermanieren. Der Staat wünscht ihn sich als gehorsamen Steuerzahler. In der Kirche ist er meistens nicht mehr zu finden.
Ist die Skepsis also unberechtigt? Er muß sich doch fragen: Wer bin ich eigentlich noch? Bin ich ein

schillerndes Etwas geworden, das bei dem ständigen Rollenwechsel seine Personalität verloren hat; ein Es, das nur noch darauf aus ist, auf der Bühne des Lebens seinen Einsatz nicht zu verpassen? Wo bin ich eigentlich noch ich selbst? Im Hobbyraum abends nach 20 Uhr, wo ich mich erholen kann von den verschiedenen Ansprüchen? Oder am Stammtisch, an dem ich noch wer bin?
Manchem ist über den verschiedenartigen Anforderungen das Selbstverständnis früherer Jahre verlorengegangen. Ja, es scheint oft sogar so zu sein, daß das Selbstbewußtsein einen Knacks bekommen hat. Verunsicherung also auf der ganzen Linie. Zwar lernt der junge Mensch noch in der Schule, der Mann muß hinaus ins feindliche Leben, aber damit kommt er nicht weit. Denn heute wird nicht Kampf gefordert, sondern heute ist Anpassung gefragt. Das andere holt er nach, abends, am Fernsehschirm, bei Western und Krimi, vielleicht manchmal auch noch bei besonders männlichen Schriftstellern wie zum Beispiel Hemingway, der so markige Sprüche verfaßt hat wie den: »Ein Mann kann vernichtet werden, aber er darf nicht aufgeben.«
Der junge Mann weiß, daß alles viel unübersichtlicher geworden ist. Es geht gar nicht um Vernichtung oder Aufgeben. Oft ist es vielmehr die Vergeblichkeit dessen, was er tut und was er ist, die ihn müde macht. Wie also soll er zu sich selbst finden, wenn dieses Selbst so undeutlich geworden ist? Woran soll er sich orientieren, wenn das einzig Beständige der dauernde Wechsel ist? Was soll er tun? Wird er ein unbequemer Mitspieler werden, einer, der hier ja sagt und dort nein? Der nach Leitbildern sucht, die nicht nur für einen Tag Gültigkeit haben? Wird die

Skepsis ihn nie mehr verlassen, weil er weiß, wie gering der Spielraum ist, um gewisse Einsichten in Verhaltensweisen umzusetzen?

Weltmacht MAN

MAN trägt, was gerade »in« ist
MAN geht in die Disco
MAN kommt mit seinen Alten nicht klar
MAN fährt eine heiße Kiste
MAN muß unbedingt das nächste Länderspiel sehen
MAN protestiert gegen Staat und Kirche
MAN ist aufgeklärt und macht mit seinem Partner Sex
MAN raucht, trinkt, hascht, feiert Parties
MAN läßt sich nichts sagen
MAN ist jung
MAN kümmert sich nur um sich selber
MAN hält jede andere Meinung von vornherein für blöd
MAN hält sich an die Regeln der Gruppe
MAN fällt nicht auf
MAN diskutiert
MAN denkt nicht weiter
MAN lebt dem Augenblick
MAN läßt sich manipulieren
MAN kennt sich selber nicht
MAN hat viele Freunde
MAN ist selten allein
MAN ist angepaßt
MAN sorgt dafür, daß einem die Probleme nicht unter die Haut gehen
MAN hat kein Gewissen

MAN entscheidet sich nicht
MAN ist nur scheinbar frei
MAN ist kein Mensch

Ein Geduldiger ist besser denn ein Starker,
und der seines Mutes Herr ist, denn der,
der Städte gewinnt.
Sprüche Salomo, Kapitel 16,32

Vorurteile überwinden

Was werden diese Drei auf der Treppe schon alles von Vorübergehenden zu hören bekommen haben. »Man sollte euch in ein Arbeitslager schicken?« »Unverschämtheit, so herumzugammeln, während andere arbeiten!« »Mann sollte mit euch langhaarigen Gammlern kurzen Prozeß machen!« Und das alles nur, weil sie anders leben, ihre Zeit anders verbringen, sich anders kleiden als die meisten. Man weiß immer schon, was man von ihnen zu halten hat. So entstehen Vorurteile. Sie haben ein zähes Leben. Oft bedeuten sie das Endurteil gegenüber denen, die man nicht in seinen Vorstellungen unterzubringen vermag: Neger, Gastarbeiter, Gammler, Vorurteile verhindern, daß sich Menschen unterschiedlicher Hautfarbe, unterschiedlichen Herkommens, unterschiedlicher gesellschaftlicher Systeme, verschiedener Religionen kennenlernen. Sie hindern uns, die Wirklichkeit richtig zu sehen. Es wird ein Urteil gefällt, mit dem man sich gegenüber einer möglichen Erkenntnis verschließt.
Manchmal ist es sogar so, daß Vorurteile einen schützenden Zaun bilden, hinter dem wir verbergen, was bei uns schwach entwickelt ist. Zum Beispiel das Nachdenken, das ausgewogene Urteil. Dabei ist es notwendig, offen zu sein und Menschen mit anderer Wesensart Raum zu lassen, sich zu entfalten, und

sich selbst zu prüfen, warum man so schnell mit dem Urteil bei der Hand ist. Geben wir anderen Menschen die Chance, ihre Argumente darzulegen und für sich um Verständnis zu werben! Denn Christen sollten sich mit einer Welt voller Vorurteile nicht abfinden. Wenn der Heilige Geist Grenzen der Rasse und Nation, auch der Konfession, überwindet, dann sollten Christen mit ihrem Leben Zeichen für eine Verständigung sein. Sie sind Grenzgänger zwischen den Machtblöcken, zwischen den Rassen, den Ideologien, den sozialen Gruppen, den Konfessionen.
Wer sich an dieser Aufgabe versucht, praktiziert seinen Glauben in einem geänderten und verändernden Leben. Für Vorurteile ist da kein Platz mehr. Der Christ weiß:
»Du sollst dir kein Bildnis noch irgendein Gleichnis machen, weder von dem, was oben im Himmel, noch von dem, was unten auf Erden ist.«

2. Buch Mose, Kapitel 20,4

Gesucht:
Ein Politiker, der auf den Bänken der Opposition Menschen erkennt;
ein Arzt, der den Kranken nicht nach seiner Versicherung fragt.
Ein Revolutionär, der selbst sein erstes Opfer ist.
Ein Student, der bei einem Polizisten die Kinder hütet.

Harm de Vries

Politisch handeln

Man kann es folgendermaßen beschreiben: Lernen, miteinander zu leben, trotz unterschiedlicher Ansichten, Meinungen und Ziele. Ich stelle mir den politisch handelnden Menschen etwa so vor: Er hat Ideen, ist elastisch, kann sich in andere hineinversetzen, ist bereit zuzuhören, versteht gewonnene Machtpositionen als eine spezielle Form des Dienstes. Der politisch handelnde Mensch kennt seine Rechte als Bürger, übt sie aus, aber er weiß auch über seine politischen Pflichten Bescheid. Zu diesen Pflichten gehört alle vier Jahre der Gang zur Wahlurne. Es wäre nun sicher verkehrt, erst angesichts der Wahlurne zu überlegen, wen man wählt. Man muß das politische Geschehen schon über längere Zeiträume verfolgt haben, um sich wirklich ein eigenes Urteil bilden zu können. Es kann tatsächlich mühsam sein, richtig zu wählen. Darum muß man sich einigermaßen regelmäßig informieren, um politische Vorgänge sachlich und begründet beurteilen zu können. Vielleicht gehört dazu zum Beispiel: gelegentlich die eigene mit anderen Zeitungen zu vergleichen oder Gespräche mit Andersdenkenden zu führen, um das eigene Urteil zu korrigieren oder auch zu erhärten. Der informierte Wähler ist jedenfalls nicht ganz machtlos. Er bildet ja mit vielen zusammen die Demokratie, in der alle Macht vom Volk ausgeht.

»Herr, du hast die Welt so geschaffen, daß Menschen in ihr politische Macht ausüben müssen. Du weißt, wie schwer der Umgang mit der Macht ist. Du kennst die Gefahr des Ehrgeizes, der Bestechlichkeit, des Machthungers. Du kennst das Denken, das aus dem politischen Partner den Gegner macht und im Gegner den Menschen nicht mehr sieht, das eine fremde Meinung nicht ertragen kann. Führe du die Politiker aller Machtsysteme heraus aus diesem Denken in Schwarz und Weiß. Mache ihnen bewußt, daß sie für Menschen zu sorgen und nicht für Meinungen zu kämpfen haben. Denn du hast ihnen alle ihre Macht gegeben. Vergib uns, Herr, daß wir so wenig an diese Menschen gedacht haben, daß wir selber in politischen Fragen immer wieder so schrecklich vereinfachen, daß wir uns so gerne verabschieden von der Politik und uns lieber zurückziehen auf unser kleines privates Leben. Herr, gib uns Bereitschaft und Ausdauer, daß wir unsere Meinung sagen; wenn sie von uns verlangt wird, und daß wir die Atmosphäre entgiften, wo wir können. Denn du, Herr, willst, daß die Politik menschlich sei.«

Ein Gebet der Evangelischen Studentengemeinde, Münster 1965

Der Friede, den Gott gibt,
will bei uns Brücken schlagen.
Er hebt die Grenzen auf,
mit denen wir uns schaden.
Er bricht die Zäune ab, an denen wir gebaut:
Sein Friede ist die Kraft,
aus der man lieben kann.

Im Frieden, den du gibst,
woll'n wir den Glauben leben.
In unsrer Alltagswelt
das Friedenstiften wagen.
Wir bitten um Geduld,
um Phantasie und Mut:
Dein Friede ist das Maß,
nach dem man leben kann.
Johannes Kuhn

»Einer trage des andern Last,
so werdet ihr das Gesetz Christi erfüllen.«
Brief des Paulus an die Galater, Kapitel 6,2

Eltern und Kinder: Partner

So friedlich wie hier geht es nicht immer zu. Da gibt es bei verschiedenen Themen unterschiedliche Meinungen, wie oft fällt der Satz: Das ist heute anders als früher, Vater und Mutter, da müßt ihr einmal drüber nachdenken. Wohl denen, die dann wirklich nachdenken. Aber Eltern reagieren oft ganz anders. Manchmal nach jenen Verhaltensmustern, die sie von ihren Eltern übernommen haben. Und da stimmt doch irgend etwas nicht, wenn man in einer Sache, die vorwärts drängt, sich rückwärts orientiert. Manche kommen dann mit ihren Erfahrungen. Nun, die sind aus dem Leben eines Menschen nicht wegzudenken und haben ihn geprägt. Aber es könnte ja auch sein, daß sie ihn zugleich einengen. Es ist ja eigentümlich, daß heute nicht zuerst Erfahrung gefragt wird, sondern die Fähigkeit, Neues aufzunehmen. Sie wird in einer Zeit schneller Fortschritte immer bedeutsamer. Und wenn Eltern und Kinder Partner sind, warum könnten dann die Eltern von ihren jungen Leuten nicht auch etwas lernen?
Gefährlich wird es freilich, wenn kritische Äußerungen als Angriff auf elterliche Positionen verstanden werden. Da wird aus einer gewissen Unsicherheit heraus oft autoritär reagiert. Dazu steht in der Bibel ein bemerkenswerter Satz:
»Ihr Väter, macht eure Kinder nicht bitter, indem ihr

sie von oben herab oder gleichgültig behandelt. Sie verlieren sonst den Mut.«

Wo Eltern und Kinder Partner sind, da ist man bereit, sich Gesprächen zu stellen und sie nicht abzubrechen. Natürlich gehört ein gewisser Mut zum Risiko dazu. Schließlich kann in einem solchen unmittelbaren Gespräch allerhand passieren. Wenn dann zum Beispiel die Tochter plötzlich feststellt: »Ihr habt mich immer nur so erzogen, wie es für euch angenehm war. Aber ihr habt nicht darüber nachgedacht, was für mich das Wichtigste ist.« Das sollte Eltern nachdenklich machen. Aber vielleicht auch die Töchter und Söhne darüber, was zwischen den Eltern und ihnen alles möglich ist. Vielleicht, daß aus dieser Partnerschaft zwischen Eltern und Kindern die Freiheit und Offenheit erwächst, in der ein 16jähriger schreiben kann:

Als ich sie sah, hatten sie mich lieb, meine Eltern.
Als ich mit ihnen sprach, wollten sie mich nicht gehen lassen.
Als mich der Freund verriet, hielten sie mich fest.
Als ich ging, weinten sie um mich.
Als ich fort war, fingen sie mich auf.
Als sie merkten, daß mit mir ein anderes Leben – mein Leben – begann, bejahten sie mich.
Denn sie liebten mich, indem sie mich freigaben.«

Mein Junge,
gern würde ich dir versprechen, wie alle Väter ihren Kindern: Wir werden es schon gemeinsam schaffen. Viele, Lehrer, Meister, Freunde werden dir tragen helfen. Aber da stocke ich schon. Wird unser Arm noch so weit reichen? Man kann doch die Welt nicht einfach weghängen wie eine Landkarte und dafür

das idyllische Bild einer harmonischen Landschaft hinhängen. Und wenn ich das schon versuchte, du wirst es ertragen lernen müssen, daß die Welt über uns, um uns und vor uns ist. Aber was für eine Welt wird das sein? Du wirst sie früh genug zu spüren bekommen. Gewiß, zunächst auch so, daß du die Formen lernen wirst, mit denen man sich die Welt mehr und mehr erschließt. Und es wird dich faszinieren, was der Mensch alles kann, wie viele Schlüssel er gefunden hat, um hinter die Geheimnisse zu kommen. Mancher von uns wird dich beneiden um die technischen Wunder, in denen du zu Hause sein wirst. Aber – in was für einer Welt wird das geschehen? Werden Angst und Mißtrauen immer noch die Grundlagen des Lebens sein?

Werdet ihr es besser machen und versuchen, so in der Welt zusammenzuleben, daß es keine Besiegten mehr gibt, sondern nur noch Versöhnte? Wirst du zu denen gehören, die Brücken bauen in der Welt der Gegensätze, und nicht zu denen, die Mauern aufrichten? Denn dies ist das Problem deiner und meiner Generation, das zu bewältigen ist: Eine Welt oder keine Welt mehr zu haben. Es wird auch von dir abhängen, ob Christen dann noch gefragt werden nach ihrem Beitrag zur Gestaltung der Welt, oder ob sie übergangen werden, weil die Antworten unsachgemäß, unzeitgemäß sind. Aber du solltest keine Angst vor dieser Verantwortung haben. Du bist nicht allein gelassen damit, sie steht vor jenem Hintergrund, der einmal im Buch der Weisheit angesprochen wird:

Bei Thomas Wolfe in dem Roman ›Schau heimwärts, Engel‹, sagt ein junger Mann:
»Das Erste, das ich tat, als ich aus der Wiege kam, war, daß ich nach der Tür krabbelte. Und alles, was ich seitdem getan habe, war ein Versuch zu entfliehen. Und nun schließlich bin ich vor euch allen frei, auch wenn ihr mich noch so ein paar Jahre festhalten könnt. Und sofern ich nicht frei bin, so bin ich doch wenigstens in meinen eigenen Kerker eingesperrt. Aber ich werde es schaffen, daß Schönheit und Ordnung in mein wirres Leben kommt. Ich werde einen Weg ins Draußen finden, selbst wenn es mich zwanzig Jahre kostet – und zwar allein.«

So liegt in diesen ersten Schritten das Ganze: der eigene weite Weg zur Selbstfindung. Das muß so sein. Wer zu halten versucht, verliert mehr, als er je gehabt hat. An den Eltern liegt es, das Geleit nicht aufzugeben, das sie den ersten Schritten ihres Kindes gewährt haben, und zur Stelle zu sein, wenn es darauf ankommt.

Eine Siebzehnjährige schrieb:
»Eltern müssen erkennen, wann wir anfangen, selbständig zu werden, und uns die Freiheit geben, uns selbst entwickeln zu lassen. Sie müssen dann unbedingt, wenn sie es nicht schon vorher getan haben, in die Rolle des Beraters treten ... Die Eltern haben keinen Anspruch auf unser inneres Leben, auf unsere Gedanken und Beweggründe, nur auf Grund ihrer Autoritätsstellung. Denn wir sind ja eigene Persönlichkeiten. Zugang zu unserem inneren Leben können sie nur durch Vertrauen bekommen. Aber das kann nicht erzwungen werden.«

Herr, du siehst in mein Herz
und kennst mich.
Ich sitze oder stehe – du weißt es.
Du kennst meine geheimsten Gedanken.
Ich gehe oder liege – du siehst es.
Mit allen meinen Wegen bist du vertraut.
Psalm 139,1–3

Vom Sehen, Hören und Lernen

Unsere Augen sind die der Welt zugewandten Fenster unseres Wesens. Ständig nehmen sie Bilder auf, signalisieren sie an unser Nachdenken, das diese Reihe von Bildern in Zusammenhang bringt. Aber das ist nur die eine Seite. Die andere ist etwa beschrieben in der Ode an die Augen:

»Ihr meine Augen, ihr habt den Freipaß, der alle Schranken öffnet.
Ihr, meine Augen, euch wird allerorten Audienz gewährt,
ihr seid die willkommenen Gäste der Sichtbarkeit:
Ihr, meine Augen, eurem sehenden Einzug enthüllt sich das verborgene Bild.
Ihr, meine Augen, euch hielt noch keine Karawanserei je fest:
Die unendliche Kette der Blicke bricht immer zu neuen Pilgerfahrten auf ...«

Cyrus Atabay

Das, was wir sehen, ist nicht stumm. Es kann ein Signal sein, das uns einen Appell zuruft. Es kann eine Beschreibung sein, die sich bei uns in Sprache auflösen will. Was wir sehen, kann aber auch die Deutung einer Wirklichkeit sein, die Auseinandersetzung von uns verlangt, oder eine Mahnung, die auf Antwort drängt.

Das gilt nun besonders von den vielen Bildern, die uns durch das Medium Fernsehen mit Vorgängen in aller Welt konfrontieren. Vorgänge, die uns alle betreffen, auch wenn sie Kontinente entfernt passieren. Lange Zeit wurde das Fernsehen unter die geheimen Verführer gerechnet. Vielleicht ist es besser, von geheimen Miterziehern zu reden. Aber so, daß man nicht das Gerät bedient, sondern sich des Gerätes bedient, eine sprachliche Unterscheidung, an der deutlich wird, ob wir die Freiheit zu nutzen verstehen, die Massenmedien weder zu fürchten noch sich an ihnen zu berauschen, sondern sie richtig zu gebrauchen.

Ein Mann vom Fach aus einer der Rundfunkanstalten hat dazu ein paar Regeln aus der Praxis gegeben:

»Das einfachste Rezept gegen Überfütterung heißt: Auswählen.

Weniger glauben – mehr denken. Erst denken – dann urteilen.

Unterscheiden lernen zwischen den verschiedenen Programmtypen. Lassen Sie sich vom Fernsehspiel faszinieren, vom Ballett verzaubern – aber bei Nachrichten, Informationen, Dokumentationen seien Sie kritisch!

Vertrauen zur Fairneß der Programmgestalter: Ja. Aber kein blindes Vertrauen.

Distanz bewahren – zum Nachdenken anhalten:

Sich selbst und die anderen. Nicht ärgern und wundern, sondern wägen und werten!«

Franz Dülk

Diese beiden sind ganz bei der Sache. Sie können etwas, daß vielen Leuten schwerfällt: Zuhören. Fast möchte man von ihnen sagen, was Martin Buber einmal von einem Menschen behauptet: »Zuhören konnte er wie keiner. Die Ohren waren ihm mit der Seele innig verbunden, so daß er keinen Laut mit den Ohren allein, sondern auch immer mit der Seele aufnahm.«

Das gibt es also. Aber wer kann das noch? Manche sprechen geradezu von einer Zeitkrankheit, weil der Mensch heute nicht mehr zuhören kann. Und wie ist das bei uns? Wir haben alle unsere Erfahrungen gemacht auf diesem Gebiet. Um so größer war dann die Freude, wenn wir einen gefunden haben, der uns aufmerksam angehört hat. Da gab es Kontakt, Echo. Noch immer ist es so: Im stillen Raum des guten Zuhörens gewinnt das Wort das Vertrauen, sich zu entfalten. Aber gewähren wir selbst diesen Raum? Manchmal scheinen unsere Ohren wie tot zu sein für den Menschen hinter seinen Worten. Für seine Sehnsucht, seine Hoffnung, auch für seine Zaghaftigkeit. Liegt das vielleicht daran, daß wir voreingenommen zuhören? Nur den eigenen Gedanken nachhängen? Sind wir durch Erfahrungen mißtrauisch geworden, so daß wir eigentlich nur noch lauernd zuhören können wie einer, der darauf wartet, daß der andere sich in seinen Worten irgendwie verrät? Aber wir sollten ja nicht abhören, sondern zuhören, damit es auch von uns heißen kann:

»Die Ohren waren ihm mit der Seele innig verbunden, so daß er keinen Laut mit den Ohren allein, sondern auch immer mit der Seele aufnahm.«

Er weckt mir das Ohr, daß ich höre wie ein Jünger.
Prophet Jesaja, Kapitel 50,4

Ein hörend Ohr und sehend Auge macht beide der Herr.
Sprüche Salomo, Kapitel 20,12

Es dauert meistens eine ganze Weile, bis man den Satz begreift: Wir lernen nicht für die Schule, sondern für das Leben. Wer das eingesehen hat, wird sich all der Möglichkeiten bedienen, die ihm die heutige Gesellschaft in reichem Maß zur Verfügung stellt. Es ist ja nicht damit getan, daß man ein paar Jahre die Schulbank drückt. Das Lernen hört nie auf. Zum Beispiel ist heute in technischen Berufen nach 15 Jahren die Hälfte des Examenswissens veraltet. Neues Wissen muß erworben werden. Die Soziologen behaupten, daß jeder junge Mensch, der heute in seinen Beruf eintritt, bis zu seiner Pensionierung mit mindestens einer grundlegenden Umschulung rechnen muß. Das erfordert Eigeninitiative, bewußte Orientierung über Umwelt und berufliche Weiterbildung.
Dabei ist es wichtig, bei allen eigenen Lebenswünschen und -plänen eins nicht aus dem Auge zu verlieren, das Martin Luther King mit folgenden Worten beschreibt:
»Ein weiser alter Prediger unterhielt sich mit einigen jungen Leuten, darunter auch mit einem sehr klugen jungen Mann namens Robert. Die erste Frage des Predigers an Robert lautete: ›Welches sind Ihre Zukunftspläne?‹ ›Ich möchte schnellstens mit dem Ju-

rastudium beginnen‹, antwortete der Abiturient. ›Und dann?‹ fragte der Prediger. ›Nun, dann will ich heiraten, eine Familie gründen und eine Rechtsanwaltspraxis eröffnen.‹ ›Und dann, Robert?‹ fragte der Prediger weiter. ›Um ehrlich zu sein‹, antwortete der junge Mann, ›ich möchte recht viel Geld verdienen, mich möglichst früh zur Ruhe setzen und recht viele fremde Länder besuchen. Das habe ich mir schon immer gewünscht.‹ ›Und dann?‹ fragte der Prediger noch einmal in fast unhöflicher Beharrlichkeit. ›Mehr Pläne habe ich nicht‹, entgegnete Robert. Der Prediger sah ihn voll Mitleid und väterlicher Sorge an und sagte: ›Junger Mann, Ihre Pläne sind viel zu klein. Sie reichen ja höchstens für 75 oder 100 Jahre! Ihre Pläne müssen groß genug sein, um auch Gott einzuschließen, und weit genug, um auch die Ewigkeit zu umfassen.‹«

Was ist der Mensch,
daß du an ihn denkst,
was ist das Kind eines Menschen,
daß du es lieb hast?
Du hast ihm fast die Würde
eines himmlischen Wesens gegeben.
Mit Schönheit und Adel hast du ihn gekrönt.
Du gabst ihm den Auftrag,
Herrscher zu sein über alles,
was du geschaffen hast.

Aus Psalm 8, nach Jörg Zink

Arbeit und Beruf

Diese jungen Menschen konzentrieren sich auf das, was jetzt zu tun ist. Sie wissen, es kommt auf mich an, damit das Werkstück genau die Form erhält, die es braucht. Für manchen freilich ist es heute schwer geworden, einen Sinn in seiner Arbeit zu finden. Das hängt nicht zuletzt von der Einstellung ab, die wir zu unserer Arbeit haben. Ich möchte das durch eine kleine Geschichte verdeutlichen.

Drei Bauarbeiter waren dabei, Steine zu behauen, als ein Fremder zu ihnen trat und den ersten Arbeiter fragte: »Was tun Sie da?« – »Sehen Sie denn nicht«, meinte der und sah nicht einmal auf –, »ich behaue Steine.«

»Und was tun Sie da?« fragte der Fremde den zweiten. Seufzend antwortete der: »Ich muß Geld verdienen, um für meine Familie Brot zu beschaffen. Meine Familie ist groß.«

Der Fremde fragte auch den dritten: »Was tun Sie da?« Und der dritte blickte hinauf in die Höhe und antwortete leise und stolz: »Ich baue einen Dom.«

Arbeit, die sinnvoll ist, hat eine lebendige Beziehung zum Ganzen. Aber wie viele kennen noch die Zusammenhänge? Die heutige Arbeitswelt läßt nicht viel Raum für Eigeninitiativen und Verantwortungsmöglichkeit. Vielleicht gehört es zur Vermenschlichung der Arbeit, allen, die an einem Werk beteiligt sind,

immer wieder den Überblick über das Ganze zu ermöglichen.
Im Mittelalter hatte das Wort Arbeit die Bedeutung von Mühe, Mühsal, Not. Im Laufe der Zeit wurden die positiven Züge der Arbeit immer mehr herausgestellt. Die Reformatoren konnten sie sogar als Gottesdienst bezeichnen, um die Ganzheit christlichen Lebens zu betonen. Aber Arbeit als Selbstzweck? Als einziger Inhalt menschlichen Lebens – das ist zu wenig. Der Satz, der in vielen Todesanzeigen steht: »Er kannte nur seine Pflicht«, ist genau besehen das Eingeständnis einer grotesken Verarmung des Lebens.
Wir sollten die Arbeit als ein soziales, ein geselliges, ein kameradschaftliches Werk verstehen, als etwas, das das Tun für andere mit einschließt. Das könnte bedeuten, daß der Mensch eben nicht nur Funktion, sondern auch Person ist und bleibt. Wer nur arbeitet, arbeitet sich ab, braucht sich auf. Wer aber in der Arbeit noch Solidarität übt und Kameradschaft, der sorgt dafür, daß man sich am Arbeitsplatz nicht gegenseitig zur Nummer degradiert.

Täuschen wir uns nicht: Jeder ist an seinem Ort, so unbedeutend seine Stellung im Räderwerk der Welt auch sein mag, entweder ein Teil der Gesundung oder ein Teil der Krankheit der Welt.
Arnold Muggli

Du wirst dich nähren von deiner Hände Arbeit. Wohl dir, du hast es gut.
Psalm 128,2

Arbeite und schaffe mit den Händen etwas Gutes, auf daß du habest zu geben dem Bedürftigen.

Epheser-Brief, Kapitel 4,28

Es gibt eine Solidarität der Neider und Oberflächlichen gegen einzelne, die sich besonders viel Mühe in ihrem Beruf geben. Warum werden sie isoliert? Weil sie nicht mehr Kollegen, sondern Rivalen sind? Dabei werden in allen Positionen freie, Verantwortliche Menschen gebraucht, die nicht in der Menge schutzsuchend untertauchen.

Darüber Dietrich Bonhoeffer:

»... Heute wird das Christentum für die Achtung menschlicher Qualität leidenschaftlich einzutreten haben. Wenn man nicht weiß, was man sich und anderen schuldig ist, wenn das Gefühl für menschliche Qualität erlischt, dann kommen wir in einer Anarchie menschlicher Werte um.

Qualität ist der stärkste Feind jeder Art von Vermassung. Gesellschaftlich bedeutet das den Verzicht auf die Jagd nach Positionen, den Bruch mit allem Starkult, den freien Blick nach oben und nach unten.«

Zeit nutzen – Zeit vertreiben

Man kann seine Zeit vertreiben, so daß danach keine Spur einer Erinnerung bleibt. Und man kann sie nutzen zu Entdeckungen auf dem weiten Feld des Lebens. Man kann zum Beispiel miteinander in eine Kunsthalle gehen, sich vor ein Bild setzen und es gemeinsam anschauen. Man muß nicht immer darüber diskutieren. Aber wie beglückend ist es, gemeinsame Aspekte festzustellen und in Deutungen übereinzustimmen.

Aber – freie Zeit enthält noch mehr Möglichkeiten. Etwa das Spiel. Es ist eine Form freier Entfaltung. Sie erlaubt den Abstand vom Gleichmaß und Zwang der Arbeit. Spielen ist also etwas, das zum Abschalten gehört, damit das Nächste besser gelingt. Und das Nächste könnte dann sein, daß man über diese Zwischenstation zu einem Buch greift oder eine Schallplatte auflegt, weil man das andere, das einen von der Arbeit her noch gefangenhielt, losgeworden ist. »Außer der Zeit gehört uns nichts«, hat Seneca gesagt. Wir sollten mit diesem Besitz verantwortlich umgehen.

Sie haben den Mut zur Arbeit. Sie haben nicht den Mut zur Ruhe. Sie haben die Tugend der Arbeit. Sie haben nicht die Tugend der Ruhe, sich auszuspannen, sich auszuruhen, zu schlafen. Die Unseligen wissen nicht, was gut ist. Sie verwalten ihre Geschäfte sehr gut während des Tages. Aber sie wollen Gott ihre Betreuung nicht überlassen während der Nacht. Wer nicht ruhen kann, bricht der Hoffnung die Treue. Und das ist die größte Untreue. Denn Ruhe und Arbeit sind Brüder und verstehen einander gut.

Charles Péguy

»Guten Tag«, sagte der kleine Prinz. »Guten Tag«, sagte der Händler. Er handelte mit höchst wirksamen, durststillenden Pillen. Man schluckt jede Woche eine und verspürt überhaupt kein Bedürfnis mehr zu trinken. »Warum verkaufst du das?« fragte der kleine Prinz. »Das ist eine große Zeitersparnis«, sagte der Händler. »Die Sachverständigen haben Berechnungen angestellt: Man spart 53 Minuten in der Woche.«

»Und was macht man mit diesen 53 Minuten?« »Man macht damit, was man will.« »Wenn ich 53 Minuten übrig hätte«, sagte der kleine Prinz, »würde ich ganz gemächlich zu einem Brunnen laufen!«

Antoine de St. Exupéry

Zeit wird nicht nur am Zeiger der Uhr,
sondern auch an der Wärme des Herzens gemessen.

Man soll bewußt einen Teil seiner Zeit auf Freundschaft, Bücher und Kranke oder Alte verwenden.

Ludwig Köhler

Fair play

Turbulente Fußballszenen auf den Sportplätzen in aller Welt! Wird auch überall fair gespielt? Fair play sollte vor Sieg gehen! Das heißt, es sollte nicht vergessen werden, daß der andere Mitspieler ist und nicht Gegner oder gar Feind. Bei einem Fair play im Alltag wären die folgenden Sätze aus dem Lehrbuch ›Wie man Karriere macht‹ unmöglich: »Allein kommst du voran, auf Kosten der anderen, aber nicht mit ihnen. Rücksichtnahme ist ein Hemmnis für das eigene Vorwärtskommen. Wer die anderen aus dem Weg räumt, hat freie Bahn.«
So nicht, sondern Fairneß im Umgang miteinander brauchen wir! Zu dieser Fairneß gehört auch, daß man Fehler eingesteht. Freilich auch, daß der andere daraufhin ebenso fair antwortet. Dafür gibt es ein kleines Beispiel aus dem Leben des wohl besten Fußballers der Welt, des Brasilianers Pelé. Da schrieb ein fünfzehnjähriger Fußball-Fan an ihn:

Sehr geehrter Herr Pelé!
Ich habe Sie in Amsterdam bestohlen, Herr Pelé. Ja, ich bin ein ganz kleiner, windiger Dieb, für den es keinen größeren Wunsch gab als Ihr Trikot, das mit der Nr. 10, zu besitzen. Ich wollte meine Kameraden mit dem berühmtesten Trikot der Welt überraschen ... Ich dachte an die Gesichter, die sie machen wür-

den, wenn ich mit dem Trikot von Pelé einlaufen würde ... Ich habe es genommen, weil ich glaubte, daß es mir vielleicht übernatürliche Kräfte verleihen würde. Heute weiß ich, daß das sehr dumm war. Ich habe Ihr Trikot aber nur zwei Minuten getragen. Denn als ich mich im Spiegel unserer Kabine betrachtete, habe ich mich geschämt, weil ich mir wie ein gemeiner Dieb vorkam. Deshalb habe ich es, ehe meine Kameraden kamen, wieder in meinem Sack versteckt. Niemand sollte wissen, daß ich mich mit fremden Federn schmücken wollte. Aber ich hatte vergessen, daß man jede Rechnung bezahlen muß. Ich habe an diesem Tag so schlecht wie nie zuvor gespielt, ja, ich habe sogar die ganze Freude am Fußball verloren. Ich habe Ihr Trikot zu Hause in meinem Schrank versteckt und bin seither nicht mehr zum Training gewesen ... Als ich es nicht länger aushalten konnte, ging ich zur Beichte. Der Priester hatte sehr viel Verständnis und riet mir, Ihnen das Trikot mit einem Entschuldigungsbrief zurückzuschicken. Das habe ich nun getan. Aber noch finde ich keine Erleichterung, da ich Ihre genaue Adresse nicht kenne und befürchten muß, daß Sie die Sendung nie erreichen wird. Verzeihen Sie mir und seien Sie von Herzen gegrüßt von Ihrem Bewunderer. – Darauf kam die Antwort:

Mein lieber Kees!
Ich habe mich sehr über Deinen Brief gefreut. Du bist kein Dieb, sondern Du liebst nur den Fußball so, wie ich ihn liebe. Deshalb sende ich Dir mit der gleichen Post dieses Trikot zurück als Erinnerung an Pelé und die gesamte brasilianische Nationalmannschaft. Si-

cher werden wir bald wieder einmal nach Holland kommen. Dann erwarte ich Dich in unserem Hotel. Ich will Dich unbedingt kennenlernen.
Sei herzlich gegrüßt von Deinem Pelé.

H. Blickensdörfer

Herr Gott, laß mich fair spielen. Laß mein Spiel gut in deinen Augen sein. Laß mein ganzes Leben ein Fair play sein.

Gebet vor einem Fußballspiel in Afrika

Der Flirt: ein reizvolles Spiel

Welcher junge Mann würde sich nicht freuen, wenn ein Mädchen ihn so anstrahlt? Am nächsten Tag erzählt er vielleicht seinen Freunden in der Schule: Die Daniela, die hat vielleicht mit mir geflirtet! – Und er meint damit nur dies: Man hat aneinander Gefallen gefunden, sich ab und an zugeblinzelt, mehr nicht. Flirten – ein reizvolles, ein notwendiges Spiel. Aber – so schrieb ein Leser der Jungen Stimme:
»Der Flirt ist ein Spiel, und zwar eines der persönlichsten, gefährlichsten und daher reizvollsten, die ich kenne. Ein Spiel mit Sinnlichkeit und Erotik. Das verlangt, daß man Herr seiner Sinnlichkeit ist; eine harmlose Form der Unmoral, die verlangt, daß man weiß, was Moral ist, ein anregender Dialog, der verlangt, daß man ein Minimum an Intelligenz, Geist und Takt besitzt.«
Manche haben hier schon moralische Skrupel. Sie entrüsten sich. Aber –

»Ich kann nicht finden, daß Entrüstung hilfreich ist. Alle Anprangerungen haben nur dann einen Sinn, wenn das moralische Bewußtsein der Zeit eindeutig funktioniert. Wenn entrüstete Vorhaltungen nicht mehr an das Gewissen der Menschen herankommen, wenn sie nur noch Gelächter erzeugen, dann ist das ein Zeichen dafür, daß mit gemeinsamen morali-

schen Überzeugungen nicht mehr gerechnet werden kann. Dann darf die Frage: Was sollen wir tun? nicht einfach im Sinne der Tradition beantwortet werden. Dann muß man Gründe angeben ...«

Horst Bannach

Zu diesen Gründen kann eine neue Aufrichtigkeit gehören, in der man ganz offen über diese Fragen redet.

Zärtlich sein heißt, ich mag dich, ich möchte es dir zeigen, daß ich dich mag. Siehst du es in meinen Augen? Hörst du es aus den Namen, die ich dir gebe? Fühlst du es, wenn ich meinen Arm um deine Schulter lege und über dein Haar fahre?

Woher soll man Zärtlichkeit lernen? Wenn es mit rechten Dingen zuginge, müßte man sie von seinen Eltern lernen, indem man tut, was man sie tun sieht. Aber viele Eltern können es ja leider auch nicht. Sie sind Kameraden oder Geschäftspartner, mürrisch und sorgenvoll oder gar verfeindet.
Da muß wohl jeder auf eigene Faust zusehen, wie er sich Erfahrungen in der Zärtlichkeit erwerbe. Aber er muß es tun. Die Situation zwischen den Geschlechtern muß entschärft werden. Sie darf nicht reduziert bleiben auf den Wunsch, sich das zu nehmen, was man nicht haben darf, oder es sich in Andeutungen oder halben Vollzügen vorwegzunehmen. Wir aber sollten es zu erleben trachten, wie viel sinnliche Körperfreude es gibt außerhalb des Geschlechtlichen und neben ihm. Warum sind wir nicht alle zärtlicher miteinander?

Vilma Sturm

Lieben: Nehmen und Geben

Spannungen, Konflikte, Auseinandersetzungen – das alles gehört dazu, damit eine Liebe zwischen zwei Menschen wächst und reift. Sie werden beide einen Ausweg aus der Krise finden müssen. Er ist nur möglich, wenn jeder von seiner Position etwas hergibt, wenn nicht einer nur der Gebende und der andere der Nehmende ist.

... Darüber schreibt Manfred Hausmann: »Es gibt nur eine einzige Kraft im Innern des Menschen, die imstande ist, sich solchen Aufgaben immer wieder und unbeirrbar zu unterziehen: Die Liebe. Den anderen lieben bedeutet: Bei ihm sein, wenn niemand bei ihm sein will. Zeit haben für ihn, wenn sonst keiner Zeit für ihn hat. Bedeutet, ihn aus seiner Verworrenheit und Ausweglosigkeit herausholen, Ja zu ihm sagen trotz seiner Gleichgültigkeit und Kälte.«

In der Bibel kann man darüber lesen:
So ist es ja besser zwei als eins. Denn sie genießen doch ihre Arbeit wohl. Fällt ihrer einer, so hilft ihm sein Gesell auf. Weh dem, der allein ist. Wenn er fällt, so ist kein anderer da, der ihm aufhelfe. Auch wenn zwei beieinander liegen, wärmen sie sich. Wie kann ein einzelner warm werden? Einer mag überwältigt

werden. Aber zwei mögen widerstehen, und eine dreifältige Schnur reißt nicht leicht entzwei.

Prediger Salomo, Kapitel 4,9–12

Wo das verstanden wird, braucht die Liebe, die sich in der Ehe vollendet, nicht zu fürchten. Ehe muß dann nicht dort enden, wie es Martin Walser in der »Zimmerschlacht« beschreibt: »Ehe, das ist, wie wenn zwei Chirurgen ständig aneinander herumoperieren an den Stellen, wo es am wehesten tut.« Sie untersteht vielmehr der Möglichkeit, die sich in dem Satz ausdrückt: »Liebende leben von der Vergebung«. Und – so möchte man hinzufügen –: Sie lassen auch andere von dieser Vergebung leben.

herr,
ich danke dir,
weil es schön ist,
jung zu sein.
ich danke dir,
daß ich mich freuen kann
über ein lächeln,
das mir gilt
über eine hand,
die nach meiner hand sucht.
ich danke dir,
daß ich freude habe
an einem menschen,
zu dem es mich hinzieht.
ich danke dir
für die sehnsucht,
die mich gefangennimmt

und verwandelt.
ich danke dir
für den menschen,
der für mich da ist
und mich braucht.

Die Liebe gleicht dem Mond
Wenn sie nicht zunimmt nimmt sie ab.

Nach der Trennung von einem Freund:

– ich möchte dir danken,
  daß ich liebenswert für dich war
– ich möchte dir danken,
  weil du mich durch dein Vertrauen
  befreit hast
– ich möchte dir danken,
  weil du für uns gebetet hast,
  als in mir nur Wüste war
– ich möchte dir danken,
  weil du versucht hast,
  meinen Weg zu teilen
– ich kann nicht dafür danken,
  daß wir an eine Grenze gestoßen sind:
  aber dort beginnt immer auch
  neues Land:
  dafür danke ich ...

Barbara für Georg

Das ist schwer: Ein Leben zu zweien.
Nur eins ist noch schwerer: Einsam sein.
Kurt Tucholsky

Freundschaft

Diese beiden sind Freunde. Es hat eine Zeit gebraucht, ehe sie das wurden. Aber nun sind sie vertraut miteinander. Es gibt kein Thema, über das sie nicht sprechen. Keine Erfahrung, die sie nicht teilen. Keine Sorge, mit der sie sich nicht gegenseitig belasten. Jeder weiß vom anderen: Bei ihm brauche ich mich nicht zu entschuldigen, nicht zu verteidigen. Ich brauche nichts zu beweisen. Er steht zu mir wie ich zu ihm. Denn mit Freunden leben, heißt das Leid teilen und die Freude verdoppeln. Wer aber findet Freunde? Immer nur der, der auch Freund sein will. Und das in guten und in bösen Tagen. Denn auch Freunde können Meinungsverschiedenheiten haben. Aber gerade dann bewährt sich die Freundschaft. Sie hat es nicht nötig, daß man sich nach dem Mund redet. Sie hat es aber nötig, daß man sie pflegt, ehrlich, mit Phantasie und Geduld. Denn Freundschaft ist eine kostbare Gabe. Es heißt von ihr:
Ich bin zu erschöpft, zu müde, um mich zu ändern. Ich habe Feinde genug, die mich lehren wollen; was ich brauche, sind Freunde, Gärten, in denen ich mich ausruhen kann.

Antoine de St. Exupéry

»Bitte, zähme mich!« sagte der Fuchs.
»Ich möchte wohl«, antwortete der kleine Prinz, »aber ich habe nicht viel Zeit. Ich muß Freunde finden und viele Dinge kennenlernen.«
»Man kennt nur die Dinge, die man zähmt«, sagte der Fuchs. »Die Menschen haben keine Zeit mehr, irgend etwas kennenzulernen. Sie kaufen sich alles fertig in den Geschäften. Aber da es keine Kaufläden für Freunde gibt, haben die Leute keine Freunde mehr. Wenn du einen Freund willst, so zähme mich!«
»Was muß ich da tun?« sagte der kleine Prinz.
»Du mußt sehr geduldig sein«, antwortete der Fuchs. »Du setzt dich zuerst ein wenig abseits von mir ins Gras. Ich werde dich verstohlen aus dem Augenwinkel anschauen, und du wirst nichts sagen. Die Sprache ist die Quelle der Mißverständnisse. Aber jeden Tag wirst du dich ein bißchen näher setzen können ...«

Antoine de St. Exupéry

Ein treuer Freund ist ein Trost des Lebens.

Sirach, Kapitel 6,16

Warum, o Herr,
Warum gabst Du uns Augen,
wenn wir immer nur
uns selbst sehen?
Warum, o Herr,
Warum gabst Du uns Hände,
wenn wir nur uns selbst
darauf tragen?

Warum, o Herr,
Warum gabst Du uns Füße,
wenn wir immer nur
uns selbst nachlaufen?
Warum, o Herr,
Warum gabst Du uns Liebe,
wenn wir immer nur
uns selbst umfassen?

Eine Welt oder keine Welt

Es muß nicht immer eine Mauer sein. Manchmal ist es nur ein Gitter, wie hier. Aber es bewirkt das gleiche: es trennt. Es schafft ein Hüben und Drüben. Und es macht aus Menschen, die zusammengehören, Rassen unterschiedlicher Qualität. »Nur für Weiße; Neger und Juden haben keinen Zutritt«. »Nicht für Gastarbeiter«. Wir kennen diese Schilder. Kein Wunder, daß es dann Augen gibt, wie die des jungen Farbigen, der gern dabei wäre, wo man weiten Raum hat, wo es satt zu essen gibt, wo man keine ausgefransten Jacken tragen muß, wo man etwas lernen kann, und wo fröhliches Spiel nicht überschattet wird vom Drahtgitter. Und dann kommen Fragen, viele Fragen, die hinter dieser Stirn unter dem Kraushaar Sturm laufen: Warum lassen die mich nicht mitmachen? Haben die etwa recht, die sagen:

»Wenn du weiß bist, ist es in Ordnung,
wenn du braun bist, bleib in der Nähe,
aber wenn du schwarz bist, Bruder,
hau ab, hau ab, hau ab!«

Oder stimmt es, was andere schreien: Nehmt euch doch! Zugreifen müßt ihr! Euch gehören Land- und Bodenschätze, sie haben euch ausgesaugt! Rächt euch! Und so gleicht der junge Farbige jenen vielen, die von sich sagen müssen:

»Hier stehen wir:
erwachsene Kinder,
zwischen zwei Welten geworfen,
des Balancierens müde,
lechzend nach einem Ereignis,
das uns hierhin – dorthin kippt,
tastend im Dunkeln nach helfender Hand –
umsonst!«

Mabel Imoukhued

Wirklich umsonst? Es kommt auf uns an. Wie werden wir den Blick dieser wachsamen braunen Augen ertragen? Werden wir in diesem Gesicht hinter dem Maschengitter den wiedererkennen, von dem es heißt: »Er ist unser Friede. Er vereinigte die beiden getrennten Teile. Er hob die Trennmauer, die Feindschaft auf.«

Epheser-Brief 2,14–15, nach Helmut Riethmüller

Ich möchte gerne Brücken bauen,
wo tiefe Gräben nur zu sehn.
Ich möchte hinter Zäune schauen
und über hohe Mauern gehn.

Ich möchte gerne Hände reichen,
wo harte Fäuste sich geballt.
Ich suche unablässig Zeichen
des Friedens zwischen jung und alt.

Ich möchte nicht zum Mond gelangen,
jedoch zu meines Feindes Tür.
Ich möchte keinen Streit anfangen,
ob Frieden wird, das liegt an mir.

Ich möchte gerne wieder reden,
wo vorher eisig Schweigen war.
Und Blicke sollen nicht mehr töten
und Neid und Gier fehl' ganz und gar.

Herr, gib mir Mut zum Brückenbauen.
Gib mir den Mut zum ersten Schritt.
Laß mich auf deine Brücken trauen,
und wenn ich gehe, geh du mit.

Kurt Rommel

Der weiße Mann – sprich die Industrienationen – leben von der wirtschaftlichen Kraft der farbigen Völker. Das sieht in Zahlen so aus: 28,7 Prozent der Menschheit verfügen über 79 Prozent des Welteinkommens. Dabei steigen die Preise für Fertigprodukte der Industrienationen, und es sinken die Preise für Agrarprodukte und Rohstoffe der Entwicklungsländer. Die Folge davon ist: Die armen Völker werden immer ärmer, die reichen werden immer reicher. Gerechtigkeit aber erfordert, daß der internationale Warenaustausch zwischen Partnern geschieht, für die es gleiche Chancen gibt. Diese Gerechtigkeit zu verwirklichen ist eine der wichtigsten Aufgaben, die gelöst werden müssen. Christen sind dabei nach ihrem Engagement gefragt. Dabei muß klarwerden, sagt Willem Visser t' Hooft, daß »die Kirchenglieder, die in der Praxis ihre Verantwortung für die Bedürftigen irgendwo in der Welt leugnen, ebenso des Abfalls vom Glauben schuldig sind wie die, welche die eine oder andere Glaubenswahrheit verwerfen«.
Wie groß die Ungerechtigkeit ist, darüber informiert die folgende Statistik:

Täglich verhungern zehntausend Menschen.
Unter akutem Nahrungsmangel leiden 300 bis 400 Millionen Menschen.
Zu wenig tierisches Eiweiß bekommen 1,5 Milliarden Menschen.
Industrieländer verbrauchen 80 Prozent der erzeugten Güter, Entwicklungsländer nur 20 Prozent.
600 Milliarden geben die Völker jährlich für die Rüstung aus.
40 Milliarden Mark stellen die Völker jährlich für wirtschaftliche und soziale Hilfe zu Verfügung.
Die Speisung eines indischen Kindes mit einer Mahlzeit täglich kostet im Monat 4.86 Mark.
Eine einfache Schulfibel für die Analphabeten-Kampagne kostet ca. 1.– Mark.
Eine lebensrettende Antibiotika-Spritze kostet 1.– Mark.

Es handelt sich nicht darum,
den Hunger zu besiegen, die Armut einzudämmen.
Der Kampf gegen das Elend,
so dringend und notwendig er ist,
ist zu wenig.
Es geht darum, eine Welt zu bauen,
in der jeder Mensch,
ohne Unterschied der Rasse, der Religion,
der Abstammung,
ein volles menschliches Leben führen kann,
frei von Versklavung von seiten der Menschen
oder einer Natur, die noch nicht recht gemeistert ist,
eine Welt, wo die Freiheit nicht ein leeres Wort ist,
wo der arme Lazarus
an derselben Tafel mit dem Reichen sitzen kann.
Papst Paul VI.

Weltinnenpolitik bedeutet, daß auf dem kleinen Globus jeder von jedem abhängig ist.

Erhard Eppler

Tu deinen Mund auf für die Stummen und für die Sache aller, die verlassen sind.
Tu deinen Mund auf und richte in Gerechtigkeit und schaffe Recht dem Elenden und Armen.

Sprüche Salomo, Kapitel 31,8, nach Martin Luther

Der Nächste steht uns in Wahrheit nicht im »Weg«, sondern er steht am Rand des Abgrunds als Schutzengel, der uns hindert, aus den Realitäten des Lebens hinaus in die Illusion zu gleiten.

Paul Schütz

Herr,
mach uns bereit,
unseren Mitmenschen zu helfen,
die in Armut und Hunger
leben und sterben.
Gib ihnen
durch unsere Hände
heute ihr tägliches Brot,
gib ihnen
durch unsere Liebe
Frieden und Freude.

Mutter Teresa von Kalkutta

Mutter Teresa lebt mit ihrer
Gemeinschaft in Kalkutta und
nimmt die Ärmsten der Armen
von der Straße auf, damit sie
menschenwürdig sterben
können.

Wer ist Jesus?

Auf diese Frage gibt es viele Antworten. Sie entstammen unterschiedlichen Glaubenserfahrungen. Jesus selbst hat seine Sendung mit Bildworten aus der Vorstellungswelt seiner Hörer beschrieben: »Ich bin der Weg«, sagte er einmal. Und darin liegt nicht zuerst ein Absolutheitsanspruch, sondern ein Angebot. Wenn vom Weg die Rede ist, dann weist er darauf hin, daß er mit uns unterwegs ist. Auf ein Ziel zu.
Ein Arbeiter hat bei einer Meinungsumfrage über Jesus gesagt:

»Am eindrucksvollsten an Jesus ist für mich vielleicht, daß er immer wußte, was er tun mußte, wie er sich zu verhalten hatte. Und daß er in jeder Lage – so wie er uns geschildert wird – Bescheid wußte, was zu tun ist.«

Manchem freilich ist es zu wenig, was Gott Jesus von Nazareth mitgegeben hat, diese leise Gewalt der Wahrheit, die kaum richtig zu Wort kommt, von der manche meinen, wir müßten über Jesus hinauskommen.
Aber wohin dann? Sicher ist, daß wir über die derzeitige Gestalt des Christentums hinauswachsen müssen. Aber über Christus? Sind seine Worte wirklich überholt: Liebet eure Feinde? Selig die Friedensstifter?

Ein Schriftsteller, der sich hier besonders angesprochen fühlte, äußerte dazu: »Mich interessiert an Jesus die Bergpredigt zum Beispiel viel mehr als die Kreuzigung, die Auffahrt und solche Dinge. Das Revolutionäre an ihm, daß er in Israel nicht des Jenseits wegen etwas gesagt, sondern des Diesseits wegen, weil er wirklich etwas verändern wollte, weil er das Elend und die Ungerechtigkeit der Gesellschaft, die ihn umgab, gesehen hat, und weil er einfach etwas dagegen tun wollte.«
Trotzdem: Man sollte nicht versuchen, Jesus in einem System unterzubringen. Er nimmt uns unsere falsche Sicherheit, in der wir ihn schließlich entbehren könnten, weil wir über ihn Bescheid wissen. Freilich wird man immer neue Antworten versuchen auf die Fragen, die man sich selbst nach ihm stellt oder die von anderen gestellt werden.
Für mich ist Jesus der Punkt, wo Mensch und Gott zusammentreffen. Die Mitte, um die wir mit unseren Fragen und Sorgen schwingen. Jesus ist für mich der, an dem ich erkenne, wie Gott den Menschen gemeint hat. Er ist sozusagen das Versprechen Gottes, wie es einmal mit uns allen werden wird. Aber noch mehr: Er ist das Gewissen unserer Welt. Er ist der Zugang zum Menschen. Er ist der Weg, der von allen Positionen in die Solidarität führt und uns dorthin einweist. Er ist für mich die Gestalt gelebten Glaubens unter uns, und darin das Merkmal der Geduld Gottes in unserer Welt.
Wenn er heute unter uns wäre, vielleicht würde er nicht nur sagen: Ich bin der Weg. Vielleicht würde er andere Selbstbezeichnungen mit Bildern aus unserer Welt wählen:

Ich bin die Brücke.
Ich bin das Haus.
Ich bin die Freiheit.
Ich bin die Freude.

Ich bin das Schiff.
Ich bin die Zeit.
Ich bin die Krise.
Ich bin die Quelle.

Kurt Rommel

Konfirmation – Anfang, nicht Ende

»Ich habe Angst vor meiner Konfirmation. Ich habe im Unterricht gelernt: Konfirmation heißt Befestigung des Glaubens. Was soll ich denn befestigen, versprechen, wo doch alles so unsicher ist in meinem Leben? Wenn ich mich konfirmieren lasse, so heißt das doch, daß ich mein Leben mit Gott leben will. Aber Gott ist so groß und so weit weg, wie kann er mir denn helfen, wenn ich so vieles verkehrt mache? Wenn ich allein bin und mit meinem Leben nicht fertig werde?«
Wer sich so sieht, oder wem es vor seiner Konfirmation so ähnlich ergangen ist, der hat von Konfirmation das Richtige verstanden. Denn jene Befestigung zielt doch darauf, etwas Schwankendes oder von außen Gefährdetes in Schutz und Sicherheit zu nehmen. Gerade darum ist alles auf Anfang gestellt und nicht auf Abschied. Dabei geht es um eine Kraft, die Halt verleiht. Das aber muß etwas sein, das außerhalb von uns selber ist. »Der Glaube ist eine lebendige, verwegene Zuversicht auf Gottes Gnade«
Martin Luther

Glauben und Leben gehören zusammen; das hat ein Vater in einer Tischrede an seinen Sohn mit dem Beispiel vom Segelfliegen so zu sagen versucht:

»... Dieses Fliegen zwischen den Wolkentürmen erinnert an die Souveränität und Überlegenheit, die zum menschlichen Leben gehört, wenn es sich frei entfalten will. Aber das ist nicht alles. Wer träumt, verpaßt den Anschluß. Darum gilt es, sich aufmerksam umzuschauen nach der nächsten Thermik, dem Aufwind, der einen in die Höhe trägt. Denn auch dieses Leben in Freiheit und Souveränität hat Ordnungen und braucht Regeln, an die man sich halten muß, um in Fahrt zu bleiben. Man muß auf die anderen achten, die mit »Thermik-Bart« emporsteigen. Dabei muß man die Kräfte kennen, die auf die Kiste einwirken, und zugleich die Grenzen, bis wohin man gehen kann, ohne das Flugzeug zu überziehen. Denn wer überzieht, stürzt ab.«
Die Vergleiche zu unserem Leben liegen geradezu auf der Hand.
In dieser Vielfalt von oben und unten, von Schweben und Angebundensein, von Freiheit und Bindung, spiegelt sich das Leben. »Im Leben muß Gott erkannt werden und nicht erst im Sterben, in Gesundheit und Kraft und nicht erst im Leiden, im Handeln und nicht erst in der Sünde will Gott erkannt werden.«
Dietrich Bonhoeffer

Der Glaube also mitten im Leben. Nicht als ein unveränderliches System von Wahrheiten, sondern ein Vorgang, bei dem es Höhen und Tiefen gibt. Oft ist es ein langer Weg, ehe man zu dieser Einsicht kommt. Es braucht Zeit, bis man das Wesentliche erkennt, daß wir aufsehen auf Jesus, den Anfänger und Vollender unseres Glaubens. Er hat gegenüber

aller Müdigkeit und Unsicherheit, die uns befangen machen, gesagt:
»Ich habe für dich gebetet, daß dein Glaube nicht aufhöre.«

Herr, wohin sollen wir gehen?
Du hast Worte des ewigen Lebens,
und wir haben geglaubt und erkannt,
daß du Christus bist,
der Sohn des lebendigen Gottes.
Johannesevangelium, Kapitel 6,68

Alltag unter dem Kreuz

Emil Scheibe hat mit seinem Bild Kreuzigung zeigen wollen, daß das Kreuz mitten in die Straßenlandschaft gehört. Der Gekreuzigte zwischen Telefondrähten, Sendemasten und Fernsehantennen, inmitten des Alltags der Schweißer, Liebespaare, Spaziergänger und Verkehrsteilnehmer – das ist wie ein Anruf, der provoziert. Darum geht alles auf Abstand, auf Distanz. Entfremdung, Gleichgültigkeit und kopfschüttelndes Erstaunen sind die Antwort. Aber gehört das Kreuz nicht genau dorthin, wo die Zuschauer so aussehen wie wir? Wo der Eindruck, daß der Gekreuzigte unsere Kreise stört, genau der Wirklichkeit entspricht? Und wo man die Schächer unter Liebespaaren, Schweißern und Verkehrsteilnehmern zu suchen hat? In Christus wird Gott Mensch. Er gibt sich ganz in diese Welt hinein. Er wird so sehr eins mit dem Menschen, daß er dessen Anfechtung, Gottverlassenheit und Entfremdung von anderen Menschen teilt. Dieses Bild erinnert an die Isolierung, an alles, was ein Mensch dem anderen zufügen kann. Aber mitten darin nun das Kreuz als Zeichen für neue Gemeinschaft mit Gott und miteinander. Der Mensch, nicht mehr sich selbst überlassen, sondern aufgesucht von Gott und in seinem Elend von ihm unterboten.

INRI

Der Apostel Paulus oder einer der ersten Christen über Christus:
Herrlich und mächtig wie Gott war Christus.
Aber er behielt seine Macht nicht für sich
und den Glanz seines göttlichen Wesens.
Alles legte er von sich ab,
er nahm die Gestalt eines Knechtes an
und wurde ein Mensch unter Menschen.
Die arme Gestalt eines Menschen trug er
und beugte sich tief hinab bis hin zum Tod,
ja, bis zum Tode am Kreuz ...
Darum hob ihn auch Gott über alles empor
und setzte ihn über alles, was lebt,
über Menschen und Mächte.
Denn den Namen Jesus sollen sie nennen
und ihre Knie beugen
im Himmel und auf der Erde und unter der Erde.
Und mit allen Stimmen sollen sie rufen:
»Jesus Christus ist Herr!«

Philipper-Brief, Kapitel 2,5–11, nach Jörg Zink

Das ganze Leben – Gottesdienst

Gewöhnlich zeigt man bei dem Stichwort »Gottesdienst« Fotos mit einer halbleeren Kirche. Auf Holzbänken verteilt sitzen Omas und Opas, und auf der Kanzel steht ein Pfarrer mit gequältem Gesicht und versucht, den Weg zu den Herzen seiner Gottesdienstbesucher zu finden. Hier ist der Altar belagert. Und man kann sich vorstellen: Hier wird anders geredet, hier wird anders gesungen, hier wird anders musiziert als üblich in den Kirchen. Warum? Um junge Leute anzuziehen nach der Methode: Mit Speck fängt man Mäuse? Mit Sicherheit nicht. Sondern weil ein Gottesdienst von 1972 anders aussehen muß als einer von 1870. Das hat nichts mit Modernsein zu tun noch mit Altmodischsein, sondern es geht um etwas Notwendiges, um neue Aufgaben, die dem Gottesdienst heute gestellt sind. Neue Formen wollen nicht einfach Verzierung sein, sondern sachgemäße Auslegung dessen, was unter Gottesdienst verstanden wird.

Denn er ist Hören und Tun.

»Gott tut an uns etwas«, so die alte Torgauer Formel, »indem er uns zuredet im Wort der Bibel. Wir geben darauf Antwort in unserer Sprache, mit unseren Mitteln, auf unsere Weise.«

Es geht darum, das Wort Gottes heute neu zu sagen,

das Vergangene gegenwärtig zu machen, das allgemein Gültige für die Gemeinde heute als gültig herauszustellen. Dazu gehört, daß viele beteiligt sind, denn der Gottesdienst sollte doch der Spiegel sein für die Gaben, die in der Gemeinde da sind. Vielleicht ist gerade in einer Zeit, in der Christen gelernt haben, über Kontinente hinweg sich zu suchen, die Möglichkeit gegeben, von anderen neue Formen zu lernen, zu fragen: »Wie lobt man anderswo Gott?« Im Neuen Testament ist jedenfalls das Gemeinschaftsmoment in der Gottesdienstversammlung stark betont. Es ist dadurch unterstrichen, daß im Gottesdienst ein wechselseitiges Dienen stattfindet. Hier haben junge Christen mit Recht nach ihrem Platz, nach ihrer Aufgabe im Gottesdienst gefragt und durch ihre Mitarbeit den Zugang zu neuen Möglichkeiten geöffnet.
Ich bleibe in der Kirche, weil ich hoffe, daß die Gemeinde in der Kirche nicht nur das Haus Gottes, einen Ort mystischer Versenkung und kritikloser Verkündigung, sondern ein Forum der Auseinandersetzung und der Erneuerung des Glaubens sieht. Ich bleibe in der Kirche, weil ich hoffe, daß sie ihre nicht von Gott, sondern von den Menschen gegebene Autorität einsetzt und nicht schweigt zu sozialen Ungerechtigkeiten: Mietwucher, Diskriminierung der Gastarbeiter, Verteufelung der Studenten zu Terror und Diktatur, Vergeudung von Nahrungsmitteln, während ganze Völker verhungern.

Ich bleibe in der Kirche, weil ich hoffe, daß sie mithilft, rassische und religiöse Vorurteile abzubauen, Schranken der Konfessionen niederzureißen, wie es Johannes XXIII. getan hat.

Ich bleibe in der Kirche, weil ich hoffe, daß sich diese Kirche nicht mit einer Reformation begnügt, sondern sich ständig von innen heraus reformiert, evolutionär wirkt und so sich der Zeit stellt.

Thaddäus Troll

Stellt euch Gott auch in eurem Alltag ganz zur Verfügung. Das ist das neue heilige Opfer, das zum Leben gehört und das Gott gefällt. Das ist der Gottesdienst, der Sinn hat. Fragt nicht danach, was die meisten Menschen tun. Seht in die andere Richtung und stellt euer Denken um, damit ihr prüfen könnt, was Gott will. Nur so findet ihr, was gut ist, was Gott gefällt, und was darum auch zum Ziel führt.

Brief des Paulus an die Römer, Kapitel 12,1–2, nach Horst Bannach

Er machte einige zu Aposteln, einige zu Propheten, einige zu Verkündern der Guten Nachricht, einige zu Leitern und Lehrern. Sie sollen das Volk Gottes zu seinem Dienst bereitmachen.

Epheser-Brief, Kapitel 4,11–12, nach NT 68

Wer ist glaubwürdig

Heute wird kaum noch gefragt: Was ist Glauben? Um so mehr wird die Frage gestellt: Wo finde ich glaubwürdige Zeugen? Ist jemand, der für die Hungernden sammelt, ein solcher Zeuge? Zumindest hat er begriffen, daß es Menschen geben muß, die in eine Brückenfunktion treten, und sei es auch nur, um Geld von denen, die es haben, zu denen zu bringen, die es brauchen. Andere stellen sich an die Straße und verteilen Schriften. Und wieder andere versuchen etwas von ihrer Zeit, ihrem Geld, ihren Gaben abzuzweigen, um für die dazusein, die im Schatten unserer Gesellschaft leben.
Es passiert oft, daß Zeugen belächelt werden. Besonders dann, wenn sie ihre Aufgabe darin sehen, zwischen den verschiedensten Gruppen und Fronten Brücken zu schlagen. Man redet dann von naiven Grenzgängern. Aber jedenfalls weisen sie andere darauf hin, daß viel Schlimmes in der Welt deswegen passiert, weil zu viele schweigen. Diese Zeugen stehen dafür ein, daß der Heilige Geist Grenzen der Rasse, der Nation, der Konfession überwindet. Damit aber sind sie lebendige Zeichen für das Wunder der Verständigung. Noch immer stehen Christen unter dem Auftrag Jesu: Ihr sollt meine Zeugen sein ... bis an die Enden der Erde.

Kein Problem wird gelöst, wenn wir träge darauf warten, daß Gott allein sich darum kümmert.

Martin Luther King

Man soll nie zuschauen, man soll Zeuge sein und mittun und Verantwortung tragen. Der Mensch ohne mittuende Verantwortung zählt nicht.

Antoine de St. Exupéry

Christus hat keine Hände, nur unsere Hände,
um seine Arbeit heute zu tun;
er hat keine Füße, nur unsere Füße,
um Menschen auf seinen Weg zu führen.
Er hat keine Lippen, nur unsere Lippen,
um Menschen von seinem Tod zu erzählen;
er hat keine Hilfe, nur unsere Hilfe,
um Menschen an seine Seite zu bringen.
Wir sind die einzige Bibel,
die die Öffentlichkeit noch liest.
Wir sind den Sündern das Evangelium,
den Spöttern das Glaubensbekenntnis.
Wir sind Gottes letzte Botschaft,
in Taten und Worten geschrieben,
... und wenn die Schrift gefälscht ist,
– nicht gelesen werden kann?
– Was dann?

Selig der Mensch, der den Parolen der Partei nicht folgt
und an ihren Versammlungen nicht teilnimmt,
der nicht mit Gangstern an einem Tisch sitzt
noch mit Generälen im Kriegsgericht.

Selig der Mensch, der seinem Bruder nicht nachspioniert
und seinen Schulkameraden nicht denunziert.
Selig der Mensch, der nicht liest, was die Börse berichtet,
und nicht zuhört, was der Werbefunk sagt,
der ihren Schlagworte mißtraut.
Er wird sein wie ein Baum, gepflanzt an einer Quelle.
Ernesto Carlenal

Die Bibel – Antwort auf viele Fragen

Was wird eigentlich in der Bibel gesucht? Einzelne Worte als Richtlinien? Hilfen? Themen für den beginnenden Tag? Oder suchen wir Zusammenhänge zum Verständnis unseres Lebens? Hilfen, um das Geheimnis Gottes verstehen zu lernen? Es gibt viele Gründe, dieses Buch aufzuschlagen. Denn alle Geschichten berichten, daß Glaube und Leben zusammengehören. Alle Erzählungen, Briefe, Geschichtswerke und Lehrstücke reden von Menschen, die mit Gott rechnen. So begegnen uns hier Glaubensaussagen, die Glauben wecken und nicht nur orientieren oder interessieren wollen. Natürlich hat das für den Leser Konsequenzen. Reinhold Schneider hat sie einmal so genannt: »Dieses Buch kann man nicht lesen, man kann es nur tun. Es ist kein Buch, es ist Lebensmacht. Und es ist unmöglich, auch nur eine Zeile zu begreifen, ohne den Entschluß, sie zu vollziehen.«

Ob diejenigen, die in diesem Buch lesen, das heraushören werden? Wir wissen es nicht. Aber sie kommen zumindest in die Kette derer, die aus den vielen Berichten, Erzählungen, Worten und Lehrstücken herauslesen: Du bist gemeint.

Denn Einst und Jetzt rücken ganz eng zusammen. Was die Menschen, von denen die Bibel berichtet, zu ihrer Zeit mit Gott erlebt haben, können wir heute genauso erfahren und erleben. Das ist die Erfahrung, die die Christenheit zu allen Zeiten mit der Bibel gemacht hat: Gott gibt sich hinein in das biblische Wort, in die vielen unterschiedlichen literarischen Formen und macht es selbst zum lebendigen Gotteswort, das uns in unserem gegenwärtigen Leben trifft. Und das ist das Ziel: daß unser Leben, unser wirkliches alltägliches Leben in das Gespräch mit dem Evangelium gebracht wird.

Die Bibel ist Anfang und Ende aller Worte und aller Gedanken, die Menschen jemals hören, aussprechen, schreiben oder lesen konnten. Kein Volk, keine Kultur, kein überragender Geist haben je etwas Besseres, etwas Wichtigeres an ihre Stelle gesetzt.

Dein Wort ist meines Fußes Leuchte
und ein Licht auf meinem Wege.
Psalm 119,105

Glück – was ist das?

Das Glück strahlt diesem Mädchen aus den Augen. Worüber sie glücklich ist, wissen wir nicht. Vielleicht hat ihr jemand ein Kompliment gemacht? Oder jemand hat sich besonders anerkennend über ihre Arbeit geäußert? Das Glück hat viele Namen und ist doch auf keinen festzulegen und mit keinem ganz zu erfassen. Vielleicht ist dies das Entscheidende: Wer Glück empfindet, ist ergriffen. Er verläßt für einen Augenblick sich selbst.

Im Grunde besteht das Glück nicht in dem, was einer hat, sondern darin, was einer ist. Wer denkt dabei nicht an das Märchen von dem Glücklichen, der kein Hemd auf dem Leibe hatte? Er ist glücklich, weil er sein Leben bejaht, wie es ist, das Gute darin sucht und sieht und zufrieden ist. Es liegt also zum großen Teil an uns selbst, ob wir glücklich und zufrieden sind. Wer das eingesehen hat, der läuft dem Glück nicht mehr nach wie ein Geistesabwesender, der nach seinem Hut jagt, während er ihn die ganze Zeit auf dem Kopf oder in der Hand hat. Man macht dann auch nicht Ferien von der Wirklichkeit, wenn man vom Glück träumt, weil man entdeckt hat, wahres Glück liegt in der Versöhnung mit der Wirklichkeit, wie sie ist.

Freilich, im Grunde meint jeder etwas anderes damit, wenn er Glück sagt. Keiner spricht sich so recht dar-

über aus. Überall redet man davon, nickt sich verständnisvoll zu. Aber jeder stellt sich etwas anderes vor. In einem kleinen erdachten Dialog im Himmel fragt Petrus:
»Herr, die Menschen schreiben in ihren Zeitungen dauernd über Glück, und auch ihr Rundfunk und Fernsehen beschäftigen sich ständig mit diesem Wort. Was meinen sie nur damit?«
»Wie sie das heute auffassen: Sechs Richtige im Lotto und die Zusatzzahl.«
Für manchen schrumpft das Glück tatsächlich nur auf eine große Geldsumme zusammen. Anderen bedeutet es mehr. Es ist wie eine Sonne, die eine Schar von Worttrabanten um sich herum hat: Behagen, Vergnügen, Lust, Zufriedenheit, Freude, Gesundheit, Erfolg, Liebe. Wie gesagt, es hat viele Namen. Wer es empfand, weiß, es dauert nur einen Augenblick. Und wer es sucht, der erfährt: Man kann das Glück nicht zwingen. Man kann es auch nicht schmieden, wie das Sprichwort meint. Es ist wie ein Geschenk.

Es gibt viele Möglichkeiten, auf Erden glücklich zu sein, aber das irdische Glück ist gefährdet und zerbrechlich. Unvergänglich ist nur das Glück, das wir in der Übereinstimmung mit Gott finden.
Jesus redete einmal mit seinen Freunden über den Weg zum wirklichen Leben:

Glücklich – mehr noch: selig sind,
die arm sind vor Gott und sich nicht einbilden,
selbst stark genug zu sein ohne ihn.
Glücklich, die Gottes Barmherzigkeit brauchen
und alles von seiner Liebe erwarten,

denn Gott liebt sie und macht sie reich
und tut ihnen zu seinem Reich die Tür auf.
Glücklich, die Leid tragen,
denn Gott wird sie trösten.
Glücklich, die behutsam und freundlich sind,
denn diese Erde wird ihnen gehören.
Glücklich, die nach Gerechtigkeit hungern und dürsten,
denn Gott wird sie satt machen.
Glücklich zu preisen die Barmherzigen,
denn Gott wird ihnen barmherzig sein.
Glücklich die Menschen,
denen Gott ein reines Herz gibt,
denn sie werden ihn schauen.
Glücklich, die Frieden machen, wo Streit ist,
denn sie sind die Kinder Gottes.

Matthäusevangelium, Kapitel 5,1–12, nach Jörg Zink

Im Leid bestehen

Wir sind gewohnt, alle leidvollen Erfahrungen auf die negative Seite des Lebens zu buchen. Leid – das ist erlebter Mangel, bewußter Verlust, erfahrene Verkümmerung. Wo es uns einholt, klagen wir die an, die es verursacht haben: Die Zeitumstände, die Ungunst der Verhältnisse, Menschen und auch Gott.
Aber ob uns das Leid nicht auch helfen kann, einiges neu zu erkennen? Haben leidvolle Erfahrungen in unserem Leben nicht so etwas wie ein Gefühl für Unterschiede geschaffen? Wie Schuppen fällt es einem von den Augen, und man erkennt, was wirklich wichtig ist und was man lassen kann. Gewiß, wir fürchten uns vor dem Leid. Wir fragen, wenn der Boden unter unseren Füßen wankt: Warum? Warum ich und warum gerade jetzt? Man kann auch anders fragen: Wozu? Das ist kein Trick, von der Wirklichkeit des Leids abzulenken, sondern ein Angebot, neue Ansätze, ein neues Verhalten zu seinem Leid zu gewinnen. Wer »Wozu?« fragt, entdeckt eine neue Blickrichtung. Er schaut von sich weg. Vielleicht versteht er sogar den Satz Jesu:
»Glücklich die, die das Leid tragen, denn sie sollen getröstet werden.«
Aus dem Nachdenken über diesen Satz ist die Einsicht gewachsen:
Gott gebe mir die Gelassenheit,

Dinge hinzunehmen, die ich nicht ändern kann;
den Mut, Dinge zu ändern, die ich ändern kann;
und die Weisheit, das eine vom anderen
zu unterscheiden.

Christoph Oetinger

Dem Leid benachbart ist der Tod. Wo wir ihm auch immer begegnen, wir fliehen. Aber er holt uns ein. Und wir sind ihm ausgeliefert, unvorbereitet, ohne Ausweg. Trostlos. Warum? Weil wir vergessen, daß wir ein geliehenes Leben leben.
Leben zu verstehen als von Gott gegeben und von Gott genommen, das ist schwer genug anzunehmen.
Davon erzählt eine jüdische Legende:
Eines Sabbatnachmittags kam der Rabbi aus dem Bethaus nach Hause und vermißte seine beiden Söhne. »Wo sind meine beiden Söhne?« fragte er.
»Sie sind in das Lehrhaus gegangen«, antwortete seine Frau.
Und als er nach einiger Zeit wieder fragt, entgegnete sie: »Sie sind vielleicht zu Freunden. Schon öfter sind sie erst zu dieser Stunde zurückgekehrt.«
Aber das genügt ihm immer weniger und er fragt dringender: »Wo sind meine Knaben?«
Sie sprach: »Erlaube, daß ich dich etwas frage.«
»Was ist's?«
Die Frau erwiderte: »Vor etlichen Tagen kam ein Fremder zu mir und gab mir ein Pfand, damit ich es bewahre. Es waren zwei kostbare Perlen von großer Schönheit, und ich hatte meine Freude an ihnen, als wären sie mein. Heute nun, als du im Bethaus warst, ist der Fremde wiedergekommen und hat sein Pfand zurückverlangt. Soll ich es ihm wiedergeben?«

»Wie fragst du nur«, antwortete der Rabbi streng. »Kannst du zögern, anvertrautes Gut zurückzugeben?«
»Nein«, erwiderte die Frau, »aber ich wollte nicht ohne dein Wissen handeln. Denn auch du hattest dir angewöhnt, das Pfand als dein Eigentum zu betrachten.«
Er sprach: »Was sagst du da?« Und mit brechender Stimme: »Wo sind meine Kinder?«
Da nahm die Frau ihn bei der Hand und führte ihn in die Schlafkammer. Sie hob die Decke vom Bett. Da lagen die Knaben still und schön, und sie waren beide tot. Der Rabbi schrie laut auf und warf sich über sie. Die Frau aber stand ernst und bleich hinter ihm und blickte nieder auf seinen Schmerz.
Sie sprach: »Hast du mich nicht geheißen, das Pfand zurückzugeben? Der Herr hat's gegeben, der Herr hat's genommen. Der Name des Herrn sei gelobt!«
Nacherzählt von H. Ristow

Du hältst mich von allen Seiten umschlossen.
Sagte ich: Finsternis soll mich verhüllen,
die Nacht würde leuchten, hell wie der Tag.
Aus Psalm 139, nach Jörg Zink

Auferstehung – der Weg ins Freie

Auferstehung ist der Schlüssel zur Zukunft. Sie ist nicht eine Idee, die ein Mensch sich erträumt hat in den besten Stunden seiner Sehnsucht. Sie ist das Versprechen Gottes, daß er die Verbindung zwischen ihm und uns nach unserem Tod nicht abreißen läßt. Die Wahrheit dieses Satzes ist gedeckt durch die Auferstehung Jesu Christi. Er hat gesagt:
»Ich bin die Auferstehung und das Leben. Wer mir vertraut, lebt, auch wenn er sterben sollte. Und keiner, der lebt und mir vertraut, wird je sterben.«
Johannes 11,25–26, nach Helmut Riethmüller

Damit erschließt sich uns der Sinn unseres Daseins als eines Lebens, das Zukunft hat. Jesus Christus ist nicht für sich auferstanden, sondern für uns. So wie er am Kreuz für uns starb. Die Geschichte der ganzen Welt ist damit in eine ewige Bewegung hineingerissen worden. Wie eine Geburt, wenn sie einmal in Gang gekommen ist, sich nicht mehr aufhalten läßt, so läßt sich auch dieser Prozeß der Erneuerung und Vollendung der Schöpfung Gottes nicht mehr aufhalten. Das hat Konsequenzen. Christen können sich nicht mehr mit den Dingen abfinden, wie sie sind. Denn der Glaube an die Auferstehung muß sich darstellen in Gedanken, Worten und Werken. Christen sind Menschen einer großen Erwartung, sie leben aus der Hoffnung. Unter diesem Zeichen der Hoffnung müssen soundsoviele Entscheidungen anders ausfallen als bisher.

Ostern kann nicht nur heißen: Es gibt ein Leben nach dem Tod. Das klingt wie Vertröstung. Ostern muß heißen: Das Leben hier wandelt sich.

Jürgen Moltmann

Herr, wir leben hier – segne uns.
Du schickst uns in die Welt – behüte uns.
Du gibst uns Aufgaben – laß dein Angesicht
über uns leuchten.
Wir versagen oft – sei uns gnädig.
Wir fühlen uns oft allein –
erheb dein Angesicht auf uns.
So viele Fragen sind ungelöst – gib uns Frieden.

Kurt Rommel

Gott wird abwischen alle Tränen von ihren Augen,
und der Tod wird nicht mehr sein, noch Leid,
noch Geschrei noch Schmerz wird mehr sein;
denn das Erste ist vergangen.
Siehe, ich mache alles neu!

Offenbarung Johannes, Kapitel 21,4–5

Osterglaube heute

Ich kann nur sagen, was ich glaube.
Und das glaube ich:

– Kein Heil erwarte ich von der Politik
– kein Heil vom Sex
– kein Heil vom modernen Wohlfahrtsstaat
– kein Heil von Esso und Standard Oil
– kein Heil von Atombomben und Raketen
– kein Heil von Soziologen und Psychotherapeuten
– kein Heil vom Kapitalismus und Kommunismus

– von der Transzendentalen Medidation auch keins
– von Hare Krsna auch keins
– von den children of God auch keins

– und keins von Stars, Astronauten und Journalisten
– und keins von den Muhammad Alis und Beckenbauers
HEIL ERWARTE ICH ALLEIN VON JESUS CHRISTUS!

Dietmar Rost

Zu wem sollen wir gehen? Du hast Worte, die ewiges Leben gewähren, und wir glauben und wissen: Du bist der Heilige Gottes? (In diesem Ausdruck liegt für das damalige Verständnis: Du bist der Andere. Du gehörst zu Gott, du kommst von Gott, du stehst für Gott. Du bist der, der von Gott her spricht. Du bist der, der uns Leben von Gott her gibt. Du bist der, der sich für uns alle opfert, um uns zu retten.)

Johannes 6,68 b–69 in der Übersetzung von Jörg Zink.

Quellennachweis

S. 12: Herbert F. Brokering: Herr, hilf mir ..., aus: Wir sind aufeinander angewiesen. Gebete, Gütersloher Verlagshaus Gerd Mohn, Gütersloh 1975 (GTB/Siebenstern Nr. 99). – S. 21: Harm de Vries: Gesucht: Ein Politiker, aus: Testament, neu eröffnet, Jugenddienst-Verlag, Wuppertal. – S. 31: Cyrus Atabay: Unsere Augen ... (Ode an die Augen), aus: An- und Abflüge, (C) 1958 Carl Hanser Verlag, München. – S. 42 und 57: Antoine de Saint-Exupéry: »Guten Tag«, sagte der kleine Prinz ..., und: Bitte, zähme mich ..., beide aus: Der Kleine Prinz / S. 56: Diese beiden sind Freunde, aus: Bekenntnisse einer Freundschaft, von Antoine de Saint-Exupéry, Karl Rauch Verlag, Düsseldorf. – S. 45: H. Blickensdörfer: Sehr geehrter Herr Pelé, aus: Ein Ball fliegt um die Welt, Union Verlag Stuttgart. – S. 50: Vilma Sturm: Lob auf die Zärtlichkeit, aus: Eros – Liebe – Flirt, von Hermann Boventer, Verlag Josef Knecht, Frankfurt am Main. – S. 53: herr, ich danke dir ..., verfaßt v. d. »AG Jugendgottesdienst im Ev. Dekanat Frankfurt-Hoechst«, aus: frankfurter kirchl. Jahrbuch 1967. – S. 54: Nach der Trennung von einem Freund, von Herta Clara, Barbara Weßbecher und Ursula Borsdorf, aus »schalom« – einer ökumenischen Jugendzeitschrift, Schriftenmissions-Verlag, Gladbeck. – S. 61: Hier stehen wir ..., von Mabel Imoukhued, aus: Christ erscheint am Kongo, von Peter Sulzer, Eugen Salzer Verlag, Heilbronn. – S. 61: Kurt Rommel: Ich möchte gerne Brücken bauen ..., aus: Herr, wir bitten, BE 222, Gustav Bosse-Verlag KG, Regensburg. – S. 63: Papst Paul VI.: Es handelt sich nicht darum ..., aus: Enzyklika Populorum Progressio. – S. 69: Kurt Rommel: Ich bin die Brücke, aus: Wege zum Glauben, Katzmann-Verlag, Tübingen. – Die Bibelzitate wurden folgenden Übersetzungen entnommen: Das Neue Testament übertragen von Jörg Zink, Kreuz-Verlag, Stuttgart–Berlin. / Womit wir leben können. Das Wichtigste aus der Bibel in der Sprache unserer Zeit. Für jeden Tag des Jahres ausgewählt und neu übersetzt von Jörg Zink, Kreuz-Verlag, Stuttgart–Berlin. / Fotobibel, Idee und Gesamtkonzeption Helmut Riethmüller, Bild- und Textredaktion: Johannes Kuhn und Helmut Riethmüller, 3. Aufl., Quell Verlag, Stuttgart 1977.

Teile dieses Buches wurden bereits in »Wohin sollen wir gehen?«, Kiefel-Verlag, veröffentlicht.

Fotonachweis

Bavaria Verlag, Gauting: Seite 20 und Seite 44
Rudolf Dietrich, München 60: Seite 49, 66 und Seite 86
dpa, Düsseldorf: Seite 10
Thomas Höpker, München: Seite 60
Hugo Jehle, Stuttgart: Seite 26
Rolf Kunitsch, Altheim: Seite 39
Hans Lachmann, Düsseldorf: Seite 15 und Seite 77
Evangelisches Landespfarramt für Rundfunk und Fernsehen, Stuttgart: Seite 74 (Ausschnitt)
Pontis-Hanig, München: Seite 32
Herbert Seiler, München-Germering: Seite 36 und Seite 55
Margret Ann Wilde, Zülpich-Mülheim: Seite 8 und Seite 52